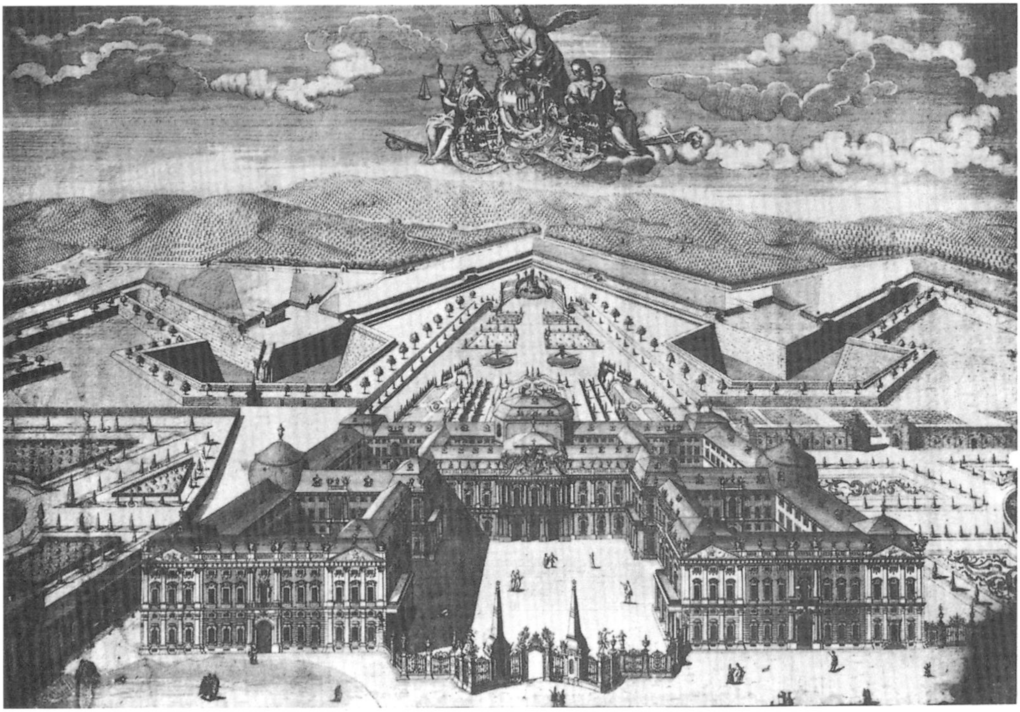

Die Residenz in Würzburg

Text von Albrecht Miller

durchgesehen und stellenweise überarbeitet
von Werner Helmberger

Karl Robert Langewiesche Nachfolger Hans Köster
Verlagsbuchhandlung KG · Königstein im Taunus

Entwurf zum Ost-Garten, kolorierte Federzeichnung von Johann Prokop Mayer, nach 1773

Sketch for the east garden, coloured pen-and-ink drawing
Ebauche du jardin est, dessin à la plume en couleur

Der hohe Rang, den die fürstbischöfliche Residenz Würzburg im deutschen Schlossbau des 18. Jahrhunderts einnimmt, liegt nicht allein in der Großartigkeit ihrer architektonischen Erscheinung und der überragenden Qualität der Ausstattung begründet, sondern in der Universalität, mit der sie die großen Architekturströmungen der Zeit ebenso wie die Meisterleistungen bildender Künstler verschiedenster Nationalität in sich vereinigt zu einem Gesamtkunstwerk von europäischem Rang. Balthasar Neumann, dem als Würzburger Hofarchitekten die Gesamtredaktion des gigantischen Unternehmens oblag, hatte sich mit führenden deutschen und französischen Architekten auseinanderzusetzen; zunächst mit Plänen des kurfürstlich mainzischen Hofarchitekten Maximilian von Welsch, die durch Vorschläge der großen Pariser Architekten Robert de Cotte und Germain Boffrand modifiziert wurden. Später setzte eine Umorientierung nach Wien ein, in deren Rahmen der kaiserliche Hofarchitekt Lucas von Hildebrandt eine bedeutende Rolle spielte. Der an der Dekoration und Ausstattung beteiligten internationalen Künstlerschar wurde von Balthasar Neumann viel schöpferische Freiheit zugestandenen, was einerseits höchst individuelle Leistungen ermöglichte, andererseits aber vor allem im dekorativen Bereich infolge ständiger Wechselwirkungen eine spezifisch würzburgische Stilvariante, das Würzburger Rokoko, hervorbrachte. Ein bedeutender barocker Schlossbau ist nicht nur das Werk von Künstlern, sondern in gleicher Weise auch das Werk eines oder mehrerer großer Bauherren. In Würzburg waren es vor allem zwei Fürstbischöfe aus dem Hause der Grafen von Schönborn, Johann Philipp Franz (1719-1724) und Friedrich Carl (1729-1746), deren ungezügelter Bauleidenschaft und außerordentlichem Kunstsinn wir die Residenz verdanken.

Luftaufnahme von Südwesten
Aerial view from the south-west — Photo aérienne du sud-ouest

Obgleich am Ende des 17. Jahrhunderts bereits der Plan bestand, die bischöfliche Hofhaltung von der Festung Marienberg in die Stadt zu verlegen, kam es erst 1701-1704 zum Bau eines Schlösschens an der Stelle der heutigen Residenz. Deren Geschichte beginnt mit Fürstbischof Johann Philipp Franz von Schönborn, dem im Jahr seines Regierungsantritts aus einem Unterschlagungsprozess gegen den vormaligen Kammerdirektor Gallus Jacob unverhofft die ungeheure Summe von 600 000 Gulden zur Verfügung stand.

Der Gedanke an einen Umbau des bereits bestehenden Schlösschens wurde danach rasch beiseite geschoben und die Planung eines großzügigen Neubaus in fieberhafter Eile in Gang gebracht. Die Kontakte des Bischofs zu seinem Onkel, dem Mainzer Kurfürst-Erzbischof und Reichskanzler Lothar Franz von Schönborn, und seinem Bruder, dem in Wien lebenden Reichsvizekanzler Friedrich Carl, führten zur Erstellung von Entwürfen durch Maximilian von Welsch aus Mainz und Lucas von Hildebrandt am Wiener Hof. Das erste Mainzer Projekt, das mit Ehrenhof und vier Binnenhöfen, polygonalem Festsaalpavillon und Ovalpavillons an den Schmalseiten grundlegend bleiben sollte, musste aufgrund eigenwilliger Vorstellungen des Bauherrn immer wieder modifiziert werden, die Wiener Pläne aber blieben zunächst nahezu unberücksichtigt. Am 22. Mai 1720 erfolgte die Grundsteinlegung, und während die Grundmauern des Nordblocks aus der Erde wuchsen, ging die Diskussion zwischen Mainz und Würzburg heftig weiter.

Mit der vom Bischof anberaumten Studienreise Balthasar Neumanns nach Paris im Frühjahr 1723 trat die Planung in eine neue Phase. Neumann nahm Kontakt auf mit Robert de Cotte und Germain

Haupttassade im Ehrenhof
Main façade in the court of honour — Façade principale dans la cour d'honneur

Boffrand, die damals auf der Höhe ihres Ruhmes standen. De Cotte bemängelte an den von Neumann vorgelegten Plänen unter anderem die Enge des doppelten Treppenhauses – eine Lieblingsidee des Bauherrn – und wollte entlang dem Südflügel eine große Galerie eingebaut sehen. Er „offerirte sein Savoir ohne intereße". Neumanns Gespräch mit Boffrand fiel produktiver aus, denn er bekräftigte die Kritik de Cottes mit dem entscheidenden Vorschlag „nur eine haubtstieg in hineinfahren auf der linckhen handt" zu planen, und zwar „mit einem großen gang umb und umb". Diesen Gedanken griff Neumann auf und entwickelte ihn zu der schließlich verwirklichten großartigen Raumlösung weiter. Zum Problem der Lokalisierung der Kirche, für die Welsch das Nordoval vorgesehen hatte, fand Boffrand eine bestechende Alternative. Er schlug vor, den Querbau zwischen den beiden Nordhöfen zu verbreitern und als Kirchenschiff mit dem Nordoval zu verbinden. Inzwischen gingen die Bauarbeiten am Nordflügel voran. Im Juli 1724 erschien Boffrand selbst in Würzburg, gab weitere Anregungen und äußerte sich anerkennend über das in Würzburg und Pommersfelden Gesehene.

Kurz danach starb überraschend Johann Philipp Franz von Schönborn. Als Reaktion auf den verschuldeten, wegen seiner verschwenderischen, eigenmächtigen Art unbeliebt gewordenen Bischof wurde der bescheidene Christoph Franz von Hutten (1724-1729) zum Nachfolger gewählt. Er war nur willens, den Nordblock auszubauen, damit er bewohnbar würde und der Mietzins im nebenan gelegenen Rosenbachhof gespart werden könne. 1724 begann der Innenausbau, der 1729 im Todesjahr Huttens wenigstens zum Teil abgeschlossen war.

Östliche Gartenfront mit Kaiserpavillon
East front with imperial pavilion and garden — Jardin Est avec le pavillon impérial

Mit der Wahl Friedrich Carls von Schönborn zum Bischof von Würzburg – kurz zuvor war er Fürstbischof von Bamberg geworden – bricht die entscheidende Phase für den Würzburger Residenzbau an. Der Mainzer Einfluss war seit dem Tod des Onkels Lothar Franz von Schönborn erloschen. Für Friedrich Carl galten die Werke Hildebrandts als „die heutige beste bau Kunst", und so rückte der Wiener an die Stelle des nun völlig ausgeschalteten Maximilian von Welsch. Da der Bauherr über die Gestaltung der Hauptfassade im Ehrenhof noch keinen Entschluss gefasst hatte, wurde 1730 mit dem Südblock begonnen, der die Bischofswohnung aufnehmen sollte. Bezüglich der Lage der Kirche entschloss man sich jetzt entgegen Boffrands Lösung zum Einbau in der Südwestecke. Hier kam Balthasar Neumann gegen seinen Konkurrenten Lucas von Hildebrandt, der ebenfalls Pläne vorlegte, zum ersten bedeutsamen Durchbruch. Die Architektur des aus fünf sich überschneidenden Ovalen strukturierten Raumes ist ganz das schöpferische Eigentum Neumanns und weist voraus auf seine großen Spätwerke in Vierzehnheiligen und Neresheim. Von Hildebrandt stammen dagegen Entwürfe zur Innenausstattung.

Ab 1730 schreitet der Bau ohne wesentliche Unterbrechung zügig voran, zunächst bis zum Südoval, das 1734 unter Dach kommt. Von 1736 an wird am Hauptbau gearbeitet, 1742 ist das Jahr, in dem die großen Gewölbe im Kaisersaal, Weißen Saal und Gartensaal eingezogen werden, und Ende 1744 ist schließlich der gesamte Rohbau vollendet. War Hildebrandt bei der Gestaltung des Kaiserpavillons und der Hauptfassade im Ehrenhof bestimmend gewesen, so dominierte Neumann beim Innenausbau der Hauptsäle.

Seitenteil des Greiffenclau-Tors am Rennweg von Johann Georg Oegg, 1752
Part of the Greiffenclau portal at the Rennweg
Détail du portail de Greiffenclau situé sur le Rennweg

Hofgartentor am Gesandtenbau von Johann Georg und Johann Anton Oegg, 1747-1769
Garden portal at the ambassadors' building
Portail du jardin de la résidence, près du bâtiment des ambassadeurs

Zweifellos war von Anfang an geplant, den Ehrenhof vom großen Platz durch ein Gitterwerk abzuschließen. Aus der Korrespondenz Friedrich Carls von Schönborn und den erhaltenen Entwürfen geht hervor, dass das 1744 vollendete Ehrenhofgitter eine Schöpfung Hildebrandts gewesen ist. 1737-1742 arbeitete der Hofschlosser Georg Oegg an der grandiosen Gitterfront, 1741 wurden die Pfeiler gesetzt, während sich die bildhauerische Ausschmückung durch Johann Wolfgang van der Auvera noch bis 1744 hinzog.

Fürstbischof Friedrich Carl von Schönborn konnte sich seiner Residenz nicht mehr in Ruhe erfreuen. Im Sommer 1746 starb er, ein Jahr nach dem von ihm hochgeschätzten Architekten Johann Lucas von Hildebrandt. Während der kurzen Regierungszeit seines Nachfolgers Anselm Franz von Ingelheim (1746-1749) lag das gesamte Bauwesen im argen. Balthasar Neumann fiel in Ungnade und wurde abgelöst. Dieses Intermezzo bedeutete jedoch keine nennenswerte Verzögerung, da Fürstbischof Carl Philipp von Greiffenclau (1749-1754) Neumann sofort wieder in sein Amt einsetzte und die Arbeiten energisch weiterführen ließ. In seine Regierungszeit fällt die Berufung Tiepolos und die Ausstattung des Kaisersaals, aber auch der Tod Balthasar Neumanns am 19. August 1753.

Fürstbischof Adam Friedrich von Seinsheim (1755-1779) führte die Ausstattungsarbeiten im Stil seiner Zeit weiter, d.h., unter ihm zog der Geist des frühen Klassizismus in die Residenz ein. Lodovico Bossi stuckierte das Treppenhaus im Louis-Seize-Stil, auch wurde die erste Bischofswohnung im

Südliche Gartenfront
South front and garden — Jardin Sud

Nordblock, die sogenannten Ingelheim-Zimmer, neu ausgestattet. Dazu kommt die Gestaltung des Platzes mit dem Gesandtenbau im Süden, der den gegenüberliegenden älteren Rosenbachhof kopiert, und den sich auf beiden Platzseiten anschließenden Kolonnaden.

In die Seinsheimzeit fällt auch die Gestaltung des Hofgartens, der mit der Residenz und den im Osten vorgegebenen Bastionen eine kompositionelle Einheit zu bilden hatte. Johann Prokop Mayer, der 1770 zum Hofgärtner ernannt worden war, schuf im Ostgarten in Weiterführung der Pläne Balthasar Neumanns eine symmetrische, in Terrassen ansteigende, den Wall durch flankierende Freitreppen einbeziehende Gartenanlage von hoher Originalität (siehe Abb. Seite 2). Der Südgarten konnte dagegen als großes rechteckiges Parterre mit Skulpturen von Johann Peter Wagner angelegt werden, das

Puttenszene von Johann Zick, 1750, aus dem Gartensaal
Garden hall, cherubs — Salle du jardin, amourettes

gegenüber der Residenz von einer Orangerie begrenzt wird. Im Südwesten schloss sich ein Heckengarten an.

Im Rahmen der Säkularisation fiel das Herzogtum Franken 1803 an Bayern. Eine Unterbrechung bildete die Herrschaft des Großherzogs Ferdinand III. von Toskana 1806-1814, der sich nach Entwürfen von Alexandre Salins de Montfort drei Appartements im Empirestil einrichten ließ, eines davon an Stelle der Bischofswohnung im Südblock. Die Wittelsbacher weilten in der Folgezeit häufig in Würzburg. 1821 wurde Prinzregent Luitpold in den Toskanaräumen geboren. In diesem Jahr begann man auch mit dem Abbruch des Ehrenhofgitters (vgl. Abb. auf dem Vorsatzblatt), dessen freies Ausschwingen in den Platzraum für den Geschmack des Klassizismus unerträglich geworden war. Damit wurde der Organismus des Bauwerks an einer empfindlichen Stelle getroffen.

Nachdem seit den 1920er Jahren die Restaurierung nach denkmalpflegerischen Gesichtspunkten in Gang gekommen war, brach am 16. März 1945 die Katastrophe über die Würzburger Residenz herein. Zwar hielten die Gewölbe der Haupträume dem durch Brandbomben entflammten, einstürzenden Dachstuhl stand, sodass die Fresken Zicks im Gartensaal, die berühmten Deckengemälde Tiepolos im Treppenhaus und im Kaisersaal, sowie Antonio Bossis Stuck im Weißen Saal nahezu unbeschädigt erhalten blieben, doch brannten alle übrigen Raumfluchten bis auf die Außenmauern aus. Glücklicherweise war die bewegliche Ausstattung rechtzeitig geborgen worden und damit ein Anreiz zur völligen Wiederherstellung gegeben.

In den folgenden Jahrzehnten wurde zunächst die Hofkirche restauriert, dann nacheinander auch in den südlichen und nördlichen Kaiserzimmern, den Ingelheimzimmern und im Fürstensaal der erhaltene Bestand gesichert, restauriert und ergänzt. Mit der Wiedereröffnung des gänzlich zerstörten, bis 1987 in den originalen Techniken aufwendig rekonstruierten Spiegelkabinetts erreichte das Wiederaufbauprogramm seinen Höhe- und Schlusspunkt.

Im dämmrigen VESTIBÜL wird man umfangen von einer weiträumigen, klar gegliederten Architektur eigentümlicher Kühle. Die Proportionen sind gedrückt, die Gewölbe flach und in der stützenlosen mittleren Halle, in der eine Karosse wenden konnte, der Horizontalen angenähert. Im Rohbau stand die Eingangshalle bereits 1739, blieb aber bis zur gleichförmigen klassizistischen Stuckierung Lodovico Bossis 1765 ohne Ausschmückung. Lediglich die Atlanten, die Johann Wolfgang van der Auvera 1749 aus den Bossen meißelte, folgen dem ursprünglichen Konzept.

Obgleich sich der anschließende GARTENSAAL in seinen Proportionen kaum vom Vestibül unterscheidet, wirkt er leicht und anmutig. Balthasar Neumann hat dem großen, niedrigen Raum durch Einstellen eines Kranzes schlanker Stützen, die eine Art Umgang bilden, zu einer lockeren, rhythmischen Bewegtheit verholfen. Mit sehr viel Einfühlung setzte Antonio Bossi 1749-1750 der Gewölbearchitektur Neumanns zarte Rocaillestukkaturen auf. Etwas zu schwer gerieten dagegen die Fresken, die Johann Zick gleichzeitig im Auftrag des Fürstbischofs Carl Philipp von Greiffenclau malte. Das Hauptbild hat den olympischen Götterhimmel zum Thema. Auf einem umlaufenden terrestrischen Sockel stehen sich an den Längsseiten die „Rast der Diana“ und ein „Göttermahl“ als vielfigurige Szenen gegenüber. Johann Zick weilte in Würzburg als einer der Bewerber um den Auftrag zur Ausmalung von Treppenhaus und Kaisersaal. Seine zweifellos bemerkenswerte Malerei befriedigte den Bischof aber doch nicht restlos, weshalb auf seine weitere Mitarbeit verzichtet wurde.

Es war ein weiter Weg von der Planung zweier hufeisenförmig geführter, das Vestibül flankierender Treppen, die der erste Bauherr Johann Philipp Franz von Schönborn wünschte, über die Vorschläge de Cottes und Boffrands zu der genialen Lösung Balthasar Neumanns, der sich zuletzt auch gegen Lucas von Hildebrandt durchzusetzen wusste. Neumann ließ den Stützenkranz im Obergeschoss, der für Hildebrandt selbstverständlich war, weg und überspannte die Weite des Raumes mit einem riesenhaften Muldengewölbe. Von einer Begegnung der beiden großen Architekten im Jahre 1738, noch vor der endgültigen architektonischen Gestaltung des Treppenhauses, berichtet eine vom Sohn Neumanns überlieferte Anekdote: Hildebrandt hielt es

Gartensaal.
Oben: Rast der Diana, aus dem Deckenfresko von Joh. Zick, 1750
Unten: Gartensaal nach Süden

Garden hall: Diana in repose, detail from the ceiling fresco (above), garden hall seen from the north (below)
Salle du jardin: Repos de Diane, détail de la fresque du plafond (en haut), salle du jardin vue du nord (en bas)

Blick aus dem Vestibül in das Treppenhaus
View from the vestibule into the well of the staircase – Vue du vestibule sur la cage d'escalier

Treppenhaus
Well of the staircase — Cage d'escalier

Putto auf der Treppenbalustrade von J. P. Wagner, 1771-1776
Cherub on the balustrade of the staircase
Amour de la balustrade d'escalier

Detail aus dem Treppenhausfresko von G. B. Tiepolo, 1753
Detail of the ceiling fresco in the well of the staircase
Détail de la fresque du plafond dans la cage d'escalier

für unmöglich, dass das von Neumann projektierte Gewölbe halten könnte, und unterstrich seine Meinung mit der Ankündigung, er werde sich unter dem Gewölbe „auf eigene Kosten hängen lassen", während Neumann anbot, als Gegenbeweis eine Batterie Kanonen darunter abfeuern zu lassen.

Die ungewöhnliche Raumwirkung des TREPPENHAUSES resultiert vor allem aus den Kontrasten zwischen Vestibül und Hauptgeschoss. Aus der fünfschiffigen, niedrigen, dämmrigen, gedämpft farbigen Erdgeschosshalle öffnet sich über den Treppenläufen der Raum zu ungeahnter Höhe, Weite, Helligkeit und Farbigkeit. Der aus der Tiefe des ersten Treppenlaufs emporsteigende Besucher, der die Seitenwände des Obergeschosses noch nicht wahrnimmt, blickt in einen Unendlichkeit illusionierenden Himmelsausschnitt voll Licht und Farbe.

Giovanni Battista Tiepolo hat 1752-1753 im Auftrag des Fürstbischofs Carl Philipp von Greiffenclau die 30 x 18 m messende Decke mit einem riesenhaften Gemälde gefüllt. Der Themenkreis umfasst mehrere Komplexe überkommener ikonographischer Vorstellungen des 18. Jahrhunderts. Im Zentrum des Himmels erscheint der Sonnengott Apoll, umgeben von antiken Göttern als Verkörperungen der Planeten und Allegorien der Jahreszeiten. Die vier Seiten sind den Erdteilen gewidmet, wobei die zum Weißen Saal hin gelegene Schauseite die Allegorie Europas und die Verherrlichung des Bauherrn Carl Philipp von Greiffenclau zeigt. Das Porträtmedaillon des Bischofs wird von den Personifikationen des Ruhmes und der Tugend in die Lüfte emporgetragen, während die Darstellung des Erdteils sich vor Architekturstaffagen darunter ausbreitet. Die junge blonde Frauengestalt der Europa, durch den rosenbekränzten Stier als solche

Der Erdteil Europa und die Glorie des Fürstbischofs Carl Philipp von Greiffenclau aus dem Deckenfresko von Tiepolo im Treppenhaus
The continent of Europe and the glory of the princebishop from the ceiling fresco in the well of the staircase
Le continent européen et la gloire du prince-évêque, détail de la fresque du plafond dans la cage d'escalier

gekennzeichnet, lauscht dem Konzert ihrer Musiker. Der Globus unterhalb des Throns weist auf Europa als Königin der Welt hin, die Bischofsinsignien auf Würzburg als Mittelpunkt der Künste und Wissenschaften. Die Künste werden durch die Künstler der Residenz Würzburg repräsentiert, womit der Rahmen der Allegorie durchbrochen ist. Tiepolo selbst hat sich zusammen mit seinem älteren Sohn Domenico links in der Ecke porträtiert. Neumann, der auch Oberst der fränkischen Kreisartillerie war, ist im Vordergrund, auf einem Kanonenrohr sitzend, wiedergegeben. Bei dem Mann im weiten ockergelben Umhang, zu dessen Füßen die Attribute der Bildhauerei liegen, handelt es sich vielleicht um den Stukkateur Antonio Bossi, dessen letzte Lebensjahre von einer Geisteskrankheit überschattet wurden.

Nach ursprünglichem Plan sollte Antonio Bossi das Treppenhaus stuckieren, was durch den Tod des Bischofs jedoch unterblieb. Erst 1765 wurden die Arbeiten erneut aufgenommen, nunmehr aber von Lodovico Bossi, dem Neffen Antonios, in dem für ihn charakteristischen steifen, etwas langweiligen frühklassizistischen Stil. Die vorzüglichen allegorischen und mythologischen Figuren auf der Balustrade schuf Johann Peter Wagner 1771-1776.

Der in der Folge der Festräume zwischen Treppenhaus und Kaisersaal eingeschobene WEISSE SAAL hatte die Funktion eines Gardesaals, worauf die Figuren des Mars und der Bellona und kriegerische Embleme in den Stukkaturen hinweisen. Koloristisch stellt er eine scharfe Zäsur zwischen den farbenprächtigen Nachbarräumen dar. Die Architektur des Saales ist im Grunde bescheiden:

Porträts von F. I. Roth, G. B. und D. Tiepolo im Deckenfresko des Treppenhauses
Portraits of F. I. Roth, G. B. and D. Tiepolo on the ceiling of the well of the staircase
Portraits de F. I. Roth, G. B. et D. Tiepolo au plafond de la cage d'escalier

Der Erdteil Amerika aus dem Deckenfresko Tiepolos im Treppenhaus
The continent of America from the ceiling fresco in the well of the staircase
Le continent américain, fresque du plafond dans la cage d'escalier

Treppenhaus, Deckenfresko mit den Allegorien der vier Erdteile von G. B. Tiepolo, 1752/53
Ceiling fresco from the well of the staircase — Fresque du plafond dans la cage d'escalier

Allegorien des Frühlings und des Winters von der Treppenbalustrade, J. P. Wagner, 1771-1776
Allegories of spring and winter on the balustrade of the staircase
Allégories du printemps et d'hiver de la balustrade d'escalier

ein Rechteckraum mit einem ungewöhnlich hochgetriebenen Deckengewölbe, die Wände gegliedert durch flache Pilastervorlagen, deren Kapitelle ins Hauptgesims eingebunden sind. Die großartige Wirkung des Raumes beruht allein auf den Stukkaturen Antonio Bossis, die er 1744-1745 in einem Zug ausführte, als Treppenhaus und Kaisersaal noch im Rohbau standen. Bossi erweist sich hier als einer der genialsten Ornamentkünstler des 18. Jahrhunderts. Er überzieht die Wände und vor allem die ungeheure Fläche des Gewölbes mit wuchernden Rocaillen von wilder, sprühender

Weißer Saal, Südwand
White hall, wall towards the south — Salle blanche, mur au Sud

Bewegtheit. Die außerordentlich plastischen, stark schattenden Stukkaturen stehen in Weiß auf lichtgrauem Grund. Dazu kommen wenige zartgelbe Töne. Nichtsdestoweniger ergibt sich als optischer Eindruck eine reiche Skala von Tönen in verschiedenen Brechungen und Abstufungen.

Im KAISERSAAL findet die großartige Folge der Festräume ihren Höhepunkt. Auf die zarte Tonigkeit des Weißen Saales hin erstrahlt er in überwältigender Farbenpracht. 1741 nach Plänen Balthasar Neumanns im Rohbau vollendet, wurde er erst unter Carl Philipp von Greiffenclau 1749-1753 ausgestattet. Die kongenialen Dekorationskünstler waren Giovanni Battista Tiepolo als Freskomaler und Antonio Bossi als Stukkateur und Bildhauer.

Der als Querraum angelegte Kaisersaal füllt den Mittelpavillon der Gartenfront über zwei Geschosse in voller Breite aus. Man betritt ihn vom Weißen Saal her durch ein Portal in der Mitte der Längsseite, die wie die gegenüberliegende, durchfensterte Gartenseite in weite Säulenstellungen und Laibungsbögen gegliedert ist. An den Schmalseiten rücken die Säulen dagegen zusammen und sperren die Mittelachse, wobei die asymmetrische Verschiebung der Türen zu den Kaiserzimmern ein zusätzliches Moment der Spannung ergibt. Der Eindruck der Größe und Weite des Raumes beruht weniger auf den tatsächlichen Abmessungen, als auf der ungemein weit und frei sich aufbäumenden Wölbungszone und den illusionistischen Raumerweiterungen in den Fresken. Tiepolo hat hier eine Verschmelzung von realem Raum und von Bildräumen erreicht, welche alle Grenzen verwischt und die Architektur zur Bühne visionärer historischer Begebenheiten werden lässt. Die Ikonographie deckt sich nicht mit den bei Kaisersälen in Bischofsresidenzen und Reichsklöstern üblichen Bildprogrammen. Die Genealogie des Kaiserhauses z. B. spielt hier keine Rolle. Gegenstand der Gemälde ist die Reichsidee in Zusammenhang mit Ereignissen aus der Geschichte des Stauferreiches, die wiederum in Beziehung stehen zum Bistum Würzburg.

Eines dieser Ereignisse war die auf der nördlichen Schmalseite dargestellte Belehnung des Würzburger Bischofs Herold mit dem Herzogtum Franken

Weißer Saal, Kaminwand
White hall, fire-place — Salle blanche, cheminée

durch Kaiser Friedrich Barbarossa auf dem Reichstag zu Würzburg. Dem Maler lag ein ausgearbeitetes ikonographisches Programm vor, das für dieses Fresko einen Fürstensaal vorsah, in dem sich die Reichsstände versammelt finden. Tiepolo tauschte diesen jedoch gegen eine mittelmeerische Landschaft, die mit ihrer triumphbogenartigen Architekturstaffage dem „Römischen Kaiser" nicht weniger angemessen erscheint. Der Kaiser sitzt in der Pose eines venezianischen Nobile auf dem Marmorthron. Die Rechte hält lässig das Szepter, auf dem der kniende Bischof, dem der Maler die Gesichtszüge des Bauherren verliehen hat, den Lehenseid leistet. Nächst dem kaiserlichen Thron steht die würdige Gestalt des Reichskanzlers.

Auch beim Gegenüber auf der südlichen Schmalseite, der Trauung Friedrich Barbarossas mit Beatrix von Burgund durch den Würzburger Bischof, setzt Tiepolo die Profile und Verkröpfungen des Kranzgesimses durch eine gemalte Stufenarchitektur fort und verklammert so das Fresko untrennbar mit der Architektur. Die Szene gehört dem sakralen Bereich an. In einem barocken Kirchenraum kniet das kaiserliche Paar auf den Altarstufen vor dem Würzburger Bischof, der wiederum dem Bauherrn Carl Philipp von Greiffenclau ähnelt. Im Gefolge nochmals der Reichskanzler mit dem blanken Schwert, umgeben von Reichsfürsten, Fahnenträgern und dem Marschall von Franken mit dem Herzogsschwert.

Das ovale Gemälde im Deckenspiegel entfernt sich vom historischen Darstellungsinhalt in den Bereich der Allegorie. Links erscheint auf einem altarartigen Thron der „Genius Imperii" in Gestalt des jugendlichen Friedrich Barbarossa. Auf den Stufen stehen Würdenträger mit den wehenden Fahnen des Reiches. Über dem Kaiser erhebt sich Fama in die Lüfte. Ein heranfliegender Putto bringt das Reichsschwert. Aus der rechten Bildhälfte nähert sich über dichte Wolkenballen Apoll im Sonnenwagen, der dem „Genius Imperii" die Braut, Beatrix von Burgund, zuführt. Ihnen voraus eilt der Hochzeitsgott Hymenäus mit brennender Fackel.

Das ikonographische Programm ergänzen dazu drei Supraporten von Domenico Tiepolo mit den Themen: „Die Überwindung des Licinius durch Konstantin", „Kaiser Justinian veröffentlicht sein Gesetzeswerk", „Ambrosius verweigert Theodosius den Zutritt zur Kirche".

Oben: Apoll führt dem „Genius Imperii" die Braut zu, Deckenfresko von G. B. Tiepolo im Kaisersaal, 1752
Above: Apollo leads the bride to the "Genius Imperii", ceiling fresco in the imperial hall
En haut: Apollon conduit la fiancé vers le «Genius Imperii», fresque du plafond dans la salle impériale

Kaisersaal, Blick in die nördliche Hälfte
Imperial hall, view of the northern part — Salle impériale, la partie nord

Oben: Die Belehnung des Würzburger Bischofs mit dem Herzogtum Franken durch Kaiser Friedrich Barbarossa, Fresko von G. B. Tiepolo im Kaisersaal, 1752

Above: Emperor Friedrich Barbarossa invests the bishop of Würzburg with the duchy of Franconia, fresco in the imperial hall

En haut: L'empereur Friedrich Barbarossa investe l'évêque de Würzburg du duché de la Franconie, fresque dans la salle impériale

Oben: Der Thron des „Genius Imperii", Detail aus dem Deckenfresko Tiepolos im Kaisersaal
Above: The throne of the "Genius Imperii", detail from the ceiling fresco in the imperial hall
En haut: Le trône du «Genius Imperii», détail de la fresque du plafond dans la salle imperiale

Links: Hochzeit Kaiser Barbarossas mit Beatrix von Burgund, Fresko von G. B. Tiepolo im Kaisersaal, 1752
Left: The marriage of Emperor Friedrich Barbarossa to Beatrice of Burgundy, fresco in the imperial hall
A gauche: Les noces de l'empereur Friedrich Barbarossa avec Béatrice de Bourgogne, fresque dans la salle impériale

Flora und Apoll, Stuckfiguren von Antonio Bossi im Kaisersaal
Flora and Apollo, stucco statues in the imperial hall — Flore et Apollon, statues en stuc dans la salle impériale

Beiderseits des Kaisersaals erstrecken sich entlang der 160 m langen Gartenfront die KAISERZIMMER, die, den Gepflogenheiten geistlicher Residenzen des 18. Jahrhunderts folgend, nominell als Gastappartements für seltene Besuche des Kaiserpaares bereitstanden, sonst aber andere hohe Gäste beherbergen oder gesellschaftlichen Zwecken dienen konnten.

Die SÜDLICHEN KAISERZIMMER wurden noch zur Zeit des Fürstbischofs Friedrich Carl von Schönborn 1740-1744 ausgestattet. Die hier tätige Gruppe von Künstlern, die teilweise selbst in der Kaiserstadt Wien ausgebildet waren, folgte den am Wiener Barock orientierten Vorstellungen des Bauherrn bereitwillig, so dass hier wie nirgends sonst in der Würzburger Residenz wienerische Stilelemente zum Tragen kamen. Unter der Leitung des greisen Hofmalers Rudolph Byss arbeiteten hier seine Schüler Johann Thalhofer und Anton Joseph Högler, der aus Wien stammende Hofhafner Dominikus Eder, der Hofschlosser Johann Georg Oegg aus Tirol, Johann Wolfgang van der Auvera als Bildhauer, der Stukkateur Antonio Bossi, der Schnitzer Ferdinand Hund und der aus München berufene Schreiner Georg Adam Guthmann.

Die Raumfolge entspricht der für ein fürstliches Appartement des 18. Jahrhunderts verbindlichen Regel: Vorzimmer, Audienzzimmer, Schlafzimmer,

Südliche Kaiserzimmer, Vorzimmer
Southern imperial rooms, antechamber — Pièces impériales Sud, antichambre

Kabinett. Daran schloss sich in Würzburg eine Galerie an, die aber bereits in der Toskanazeit (1806-1814) wieder entfernt und in drei Räume aufgeteilt wurde. Heute befindet sich dort wieder eine Galerie, die jedoch keine Rekonstruktion darstellt. Die Galerie des 18. Jahrhunderts war mit Stuckmarmor verkleidet und zeigte in vergoldete Stuckrahmen eingelassene Gemälde.

Das VORZIMMER ist im Kontrast zum Kaisersaal und gemäß seiner Funktion vergleichsweise einfach dekoriert. Die eichenen Wandvertäfelungen und die Pfeilerspiegel von G. A. Guthmann sind wie die Deckenstukkaturen Antonio Bossis Rekonstruktionen der Nachkriegszeit. Damals wurde auch das von Antonio Belucci um 1715 für Schloss Bensberg geschaffene Gemälde „Dankopfer" als Ersatzstück in die Decke eingelassen. Die beweglichen Ausstattungsteile sind dagegen erhalten geblieben, so die Supraporten des reisenden venezianischen Malers Giovanni Antonio Pellegrini: „Hannibal schwört den Römern ewige Feindschaft" und „Polyxena wird zum Tode geführt". Die Wandteppiche gehören zur jüngeren der beiden in der Würzburger Residenz vorhandenen Alexanderfolgen, die kurz nach 1700 im Brüsseler Atelier des Jan Frans van den Hecke entstanden ist. Es handelt sich dabei um eine der vielen Nachschöpfungen der in den 60er Jahren des 17. Jahrhunderts nach Kartons von Charles Le Brun in der Pariser Manufaktur gefertigten Alexanderfolge. Die Teppiche dieser Folge sind nicht auf Bestellung des Bischofs gearbeitet, son-

Südliche Kaiserzimmer, Audienzzimmer
Southern imperial rooms, audience room — Pièces impériales Sud, salle d'audience

dern erst gegen 1745 von Friedrich Carl von Schönborn aus Wien mitgebracht worden. Der breite Wirkteppich an der Rückwand des Raumes stellt Alexanders Übergang über den Granicus dar, die Teppiche an den Seitenwänden bringen Szenen aus der Schlacht bei Arbela. Bemerkenswert sind ferner die von J. W. van der Auvera geschnitzten Banketts mit ihren gewirkten Bezügen aus der Würzburger Gobelinmanufaktur des Andreas Pirot um 1750. In Carl Maximilian Mattern, dem Meister der prachtvollen Bodenstanduhr und des riesigen, gravitätischschweren Schreibschranks, begegnen wir erstmals einem der herausragenden Ebenisten (Intarsien-Kunstschreiner) der Würzburger Residenz. Die vergoldeten Ornamentschnitzereien an Sockel und Bekrönung der Uhr von 1741 gehen auf Georg Adam Guthmann zurück, das Werk ist bezeichnet „Urbanus Schmit in Wurtzburg Fecit". Der Schreibschrank gehört mit seinem gedrungenen Aufbau, den mehrfach geschweiften Fronten, dichten Einlegearbeiten und üppigen ornamentalen Schnitzereien trotz seiner Großartigkeit zu jenen Möbeln, die Friedrich Carl von Schönborn für nicht mehr zeitgemäß und deshalb „zur fürstlichen Möblierung nicht mehr schicklich" hielt, weswegen er 1742 die Abnahme zunächst verweigerte.

Das AUDIENZZIMMER bringt gezielte Steigerungen sowohl in der ornamentalen Ausgestaltung als auch in der Farbgebung. Die Deckenstukkaturen sind jetzt vergoldet, die Vertäfelungen furniert, die Rahmen der Füllungen aufwendig geschnitzt und vergoldet. Da während des 2. Weltkrieges neben dem Mobiliar auch die gesamten Vertäfelungen geborgen waren, ist die Wiederherstellung

Südliche Kaiserzimmer, Audienzzimmer
Southern imperial rooms, audience room — Pièces impériales Sud, salle d'audience

dieses Raumes überzeugend gelungen. Die fantasievollen Deckenstukkaturen Antonio Bossis mussten allerdings rekonstruiert und auch hier ein Gemälde von Belucci eingesetzt werden. Die warmen Töne des Nussbaum- und Maserholzes der Vertäfelung ergeben zusammen mit den üppigen Vergoldungen und dem kräftigen Kolorit der Wandteppiche einen ungemein noblen sonoren Farbklang. Als Schreiner und Schnitzer ist Ferdinand Hund überliefert, der hier vor allem in den virtuos geschnittenen Rocaillen der Spiegelrahmen an den Fensterpfeilern und über dem Kamin unübertreffliche Meisterwerke geschaffen hat, die den besten Arbeiten Bossis ebenbürtig sind. Die Wandteppiche stammen aus drei verschiedenen Folgen: an der Rückwand zwei Behänge aus der jüngeren Alexanderfolge von J. Frans van den Hecke mit den Themen „Triumphzug Alexanders d. Gr. in Babylon" und „Alexanders Großmut gegen die Familie des Darius". Der Gobelin „Alexanders Sieg über König Poros von Indien" an der Eingangswand gehört zur älteren Alexanderfolge, die in der Bordüre das eingewebte Wappen des Fürstbischofs Johann Philipp von Greiffenclau (1699-1719) zeigt. Der Teppich ist wie sein Gegenüber, „Die Hochzeit der Zenobia", im Atelier des Geraert Peemans in Brüssel entstanden. Aus dem zum großen Teil von Johann Wolfgang van der Auvera und Georg Adam Guthmann geschaffenen Mobiliar ragt als imposantes, ungewöhnliches Stück der vielleicht von Franz Benedikt Schlecht um 1740 angefertigte Schreibschrank mit reicher Marketerie und den Initialen Friedrich Carls von Schönborn heraus.

Das VENEZIANISCHE ZIMMER, dessen Ausstattung nach Entwürfen von Rudolph Byss 1738-1741 ausgeführt wurde, war ursprünglich das Schlafzimmer des Kaisers. Darauf bezogen sich die noch ganz im Régencestil (Übergang vom Barock zum Rokoko) verhafteten Deckenfresken von Byss, Thalhofer und Högler mit Allegorien des Schlafs und der Nacht. Die originale Decke fiel allerdings der Brandkatastophe von 1945 zum Opfer und ist heute durch eine Nachbildung ersetzt. Die alten Wand-

Wirkteppich „Tafel im Kiosk" von A. Pirot, um 1740, im Venezianischen Zimmer
Below: Wall-hanging "Banquetting in the kiosk", in the Venetian room
En bas: Tapiserie «La table au kiosk», dans la pièce vénitienne

vertäfelungen blieben dagegen wie im Audienzzimmer vollständig erhalten. Sie sind stilistisch etwas älter und setzen sich außerdem durch ihr leuchtendes, warmes Hellbraun deutlich vom vorherigen Raum ab. Auf die „blonden" Nussbaummaserungen sind kartuschenartige, vergoldete Zinnrahmen von reichster Ornamentik aufgesetzt, in denen nach Friedrich Carls Wunsch „teils Simbola in Figuren, teils Früchte und Blumen, teils Tierstücke zu sehen seindt". Diese von Johann Thalhofer und Joseph Högler gemalten Bildchen bringen in der Sockelzone Drôlerien in Form von Zwergen und Fabeltieren zur Darstellung. Die größeren Felder in den Fensternischen und an den Türen enthalten dagegen die symbolischen Figuren in Zeittracht. Der Name des Zimmers rührt her von den drei großen Wirkteppichen, die den Karneval in Venedig bzw. die „Commedia dell'arte" zum Gegenstand haben. Sie sind im Kontrast zum kräftigen Kolorit der Brüsseler Wirkereien in eigentümlich milden, lichten, vorwiegend blauen und beigen Tönen gehalten, die sich mit dem lebendigen, hellen Muster des Nussholzes, den goldenen Zieraten und den farbverwandten, miniaturhaften Bildern zu einem Farbklang von wundervoller Harmonie vereinigen. Die Kartons zu den drei Teppichen „Karnevalistischer Umzug auf dem Markusplatz in Venedig", „Festtafel im Kiosk" und „Gastmahl im Freien" gehen wohl auf Johann Joseph Scheubel d. Ä. zurück, die Ausführung lag in der Hand des Andreas Pirot, unter dessen Leitung in der fürstbischöflichen würzburgischen Manufaktur zwischen 1728 und 1749 etwa 25 Teppiche entstanden, die jedoch nur zu einem kleinen Teil erhalten blieben.

Das grazile Spieltischchen in der Raummitte, dessen Gestell Carl Maximilian Mattern 1742 schuf, gibt mit seiner ganz mit Hinterglasmalereien verzierten gläsernen Platte schon einen ersten Vorgeschmack auf den folgenden Raum.

Das SPIEGELKABINETT, das vielleicht originellste unter den Raumkunstwerken des Würzburger Rokoko, wurde 1740-1745 unter besonderer Anteilnahme des Bauherrn, Fürstbischof Friedrich Carl von Schönborn, geschaffen. Er wollte, dass hier etwas „neues inventiert und gemacht werde", nämlich „auf die neue Mode neue Glasinvention". So entstand nach Entwürfen des vielseitigen Hofbildhauers und Zeichners Johann Wolfgang van der Auvera eine lückenlose Wandverkleidung aus teilweise verspiegelten Glasplatten, auf die Johann Thalhofer, Anton Joseph Högler und Georg Anton Urlaub in Hinterglastechnik eine verschwenderische Fülle orientalischer Gaukler und Akrobaten,

Südliche Kaiserzimmer, Venezianisches Zimmer
Southern imperial rooms, Venetian room — Pièces impériales Sud, piece vénitienne

Südliche Kaiserzimmer, Venezianisches Zimmer, unten: Detail der Vertäfelung
Southern imperial rooms, Venetian room, below: detail from the panelling
Pièces impériales Sud, pièce vénitienne, en bas: Détail du lambris

exotischer Figuren und Jagdszenen malten. Selbst in das von Antonio Bossi mit Allegorien der vier Erdteile in den Eck-Kartuschen stuckierte Muldengewölbe wurden große Spiegel eingesetzt, so dass durch die Illusion der Spiegelbilder die Raumgrenzen für das Auge nach allen Richtungen aufgehoben schienen.

Da die ursprünglich mit Mörtel direkt auf den Mauersteinen befestigte gläserne Wandverkleidung während des Krieges nicht ausgelagert werden konnte (bei einem Ausbauversuch zerbrach schon die erste Glasplatte – die sich dann allerdings als einzige erhalten hat), ging die gesamte wandfeste Ausstattung bei dem großen Residenzbrand 1945 zugrunde. Mit enormem Aufwand konnten jedoch 1979-1987 sowohl die Stuckarbeiten der Wände und

Platte des Spieltisches im Spiegelkabinett, von J. W van der Auvera, um 1745
Above: Top of the gaming table in the room of mirrors
En haut: Plateau de la table de jeu dans la pièce des glasses

Decke, als auch sämtliche Hinterglasmalereien, deren Ausführung dem Würzburger Kunstmaler Wolfgang Lenz oblag, nach alten Fotos und in Nachahmung der originalen Techniken rekonstruiert werden. So ist für den Besucher der einzigartige Raumeindruck, der sich ergibt aus der Kombination der Verspiegelung und der Hinterglasmalerei, die nachträglich in die ausgesparten Umrisse des Spiegelgrundes eingefügt wurde, wieder erlebbar geworden. Die Sujets der Hinterglasbilder der Wandzonen und der Fenstergewände wollen den Betrachter mit ihren Tierdarstellungen und Fabelwesen, den chinesischen Edelleuten und Gauklern, den vornehm kostümierten Sängern, Tänzern und Musikanten in eine exotische Märchenwelt versetzen. Die in der Sockelzone eingelassenen Hinterglasmalereien geben auf der Fensterseite Tugend- und Lasterdarstellungen in Form von Tierszenen wieder, auf der Kaminseite Allegorien der vier Elemente und an den Seitenwänden Allegorien der vier Jahreszeiten, die jeweils paarweise das Wappen bzw. die Initialen des Bauherrn, Friedrich Carl von Schönborn, flankieren. Zu den geretteten originalen Ausstattungsstücken des Raumes gehören neben den Flügeln der nördlichen Türe, der eisernen Kaminplatte, der Mehrzahl der vergoldeten Bronzewandleuchter von Johann Georg Oegg und dem venezianischen Glaslüster mit farbigen Glasblumen auch der elegant geschnitzte Kaminschirm Ferdinand Hunds von 1736 und die Armlehnsessel mit gestickten Bezügen. Erhalten haben sich auch der Spieltisch und die beiden Konsoltische mit eingesetzten Spiegelstücken, die Johann Wolfgang van der Auvera um 1745 schuf. Sie stellen mit ihrer überschäumenden Rocaillebildung alle bisher dagewesenen Ornamentschnitzereien in den Schat-

Detail des Spiegelkabinetts
Detail of the room of mirrors — Detail de la pièce des glaces

ten. Ihre Platten aus verspiegeltem Glas mit Hinterglasmalereien, in denen luftige, goldene Rocaillenarchitekturen miniaturhafte figürliche Szenen umfangen, zeugen noch heute von der Kunstfertigkeit der Gestalter des ursprünglichen Spiegelkabinetts.

Konsoltisch von J. W. van der Auvera im Spiegelkabinett der Südlichen Kaiserzimmer
Console table in the room of mirrors of the southern imperial rooms
Console dans la pièce des glaces des pièces impériales Sud

Südliche Kaiserzimmer, Spiegelkabinett
Southern imperial rooms, the room of mirrors — Pièces impériales Sud, pièce des glasses

Vorzimmer der nördlichen Kaiserzimmer, oben: Brüsseler Wandteppich mit dem Greiffenclau-Wappen, unten: Venus und Endymion über dem Kaminspiegel, von A. Bossi, 1745

Northern imperial rooms, antechamber, above: Wall-hanging from Brussels, with the Greiffenclau coat of arms, below: Venus and Endymion from the decoration of the fire-place mirror. — Pieces impériales Nord, dans l'antichambre, en haut: Tapisserie bruxelloise, en bas: Venus et Endymion, de l'ornement du miroir de la cheminé

1743, zwei Jahre nach den südlichen Paradezimmern, begann unter Fürstbischof Friedrich Carl von Schönborn die Ausstattung der NÖRDLICHEN KAISERZIMMER, die beschleunigt wurde, als der Kaiserbesuch Franz I. anlässlich seiner Krönung 1745 in Frankfurt in Aussicht stand. Zu diesem Zeitpunkt waren immerhin die ersten vier Räume, die sogenannten Weißen Zimmer, bewohnbar. Ihr heutiges Erscheinungsbild geht jedoch auf eine ergänzende Überarbeitung unter Carl Philipp von Greiffenclau zurück. Der Kontrast zu den südlichen Kaiserzimmern ist deutlich, obgleich der tätige Künstlerstab im wesentlichen derselbe geblieben war. Eine Abwendung vom wienerischen Ausstattungsstil und der Durchbruch spezifisch würzburgischer Rokokodekorationen ist offensichtlich. An Stelle von Vertäfelungen finden wir ausschließlich reiche Stukkaturen von Antonio Bossi und seinen Nachfolgern. Die an das kaiserliche Schlafzimmer anschließenden beiden Gastzimmer und das grünlackierte Zimmer

Uhr von L. Hoys, 1750, im Audienzzimmer der nördl. Kaiserzimmer

Clock by L. Hoys, in the audience room of the northern imperial rooms

Pendule par L. Hoys, dans la salle d'audience des pièces impériales Nord

Schreibschrank von C. M. Mattern im Audienzzimmer der nördlichen Kaiserzimmer
Bureau in the audience room of the Northern imperial rooms
Secrétaire dans la salle d'audience des pièces impériales Nord

gehören wiederum der nächst späteren Ausstattungsphase unter Adam Friedrich von Seinsheim (1755-1779) an. In ihnen tritt das Würzburger Rokoko ein in eine bemerkenswerte, von neuen Künstlern getragene Spätphase, die weniger beherrscht wird von der Rocaille als von Rückgriffen auf den Régencestil. Auch spezifische Louis-Seize-Formen treten noch kaum hervor. Bei der Auswahl der Supraportenbilder griff man auf vorhandene ältere Gemälde verschiedener Herkunft zurück, um die Kosten nicht ins Uferlose wachsen zu lassen.

Die Schäden des Zweiten Weltkriegs betrafen in dieser Raurmflucht durchwegs die Decken, deren Stukkaturen rekonstruiert worden sind. Auch hier wurden in den ersten beiden Räumen ersatzweise Deckengemälde angebracht, die Antonio Belucci um 1715 für Schloss Bensberg gemalt hatte. Die Wanddekorationen blieben zum guten Teil erhalten und konnten ergänzt und neu gefasst werden. Nicht mehr vorhanden sind bedauerlicherweise die prachtvollen ursprünglichen Öfen des Würzburger Hofhafners Dominikus Eder aus den ersten beiden Zimmern, während die späteren Straßburger Fayenceöfen von der Substanz her überwiegend original sind.

Nördliche Kaiserzimmer, Vorzimmer
Northern imperial rooms, antechamber — Pièces impériales Nord, l'antichambre

Am NÖRDLICHEN VORZIMMER lässt sich der schrittweise Verlauf der Ausstattungsarbeiten gut verfolgen. 1742 stuckierte Antonio Bossi die Decke in reinem Weiß. Kartuschen in den Ecken zeigen Allegorien der vier Elemente. Anlässlich des Kaiserbesuches 1745 fügte Bossi die prachtvollen, teilweise vergoldeten Stukkaturen an Fenster- und Kaminspiegeln sowie die Supraportenrahmen hinzu. Die großflächigen Wandfelder füllen drei Wirkteppiche aus der ersten Alexanderfolge, die, den in die Bordüren eingewebten Wappen nach, für Fürstbischof Johann Philipp von Greiffenclau (1699-1719) gefertigt worden sind. Sie waren demnach für die Bischofswohnung der Festung Marienberg geschaffen worden und gehörten zu den bereits vorhandenen Beständen. Die im Brüsseler Atelier des Geraert Peemans um 1700 gewebten Teppiche fügen sich allerdings ihrer geballten barocken Figurenkompositionen wegen nicht vollkommen in das sonst homogene Ensemble ein.

Ähnlich verhält es sich beim AUDIENZZIMMER, zu dessen kleinteiligem, ungemein zarten Stuckkleid die mächtige Bilderwelt der Teppiche in eigentümlichem Kontrast steht. Es handelt sich um weitere drei Tapisserien aus der älteren Alexanderfolge: „Alexander und König Poros", „Triumphzug Alexanders in Babylon", „Alexanders Großmut gegen die Familie des Darius". Das ursprüngliche Deckenbild von A. C. Lünenschloß mit dem Thema „Überwindung der aufständischen Bauern durch den Würzburger Fürstbischof 1525" ist heute ersetzt durch die „Allegorie des fürstlichen Mäzenatentums" von Belucci. Unter dem Mobiliar fällt auf ein mit Nussbaum, Mahagoni, Palisander und Elfenbein eingelegter Schreibschrank von Carl Maximilian Mattern um 1745, der sich, verglichen mit dem mächtigen „Trisur" im südlichen Vorzimmer, beinahe elegant ausnimmt. Die weiß mit Gold gefassten Sitzmöbel des Hofbildhauers Andreas Dietrich von 1751 sind bespannt mit bemerkenswerten Straßburger Gobe-

Nördliche Kaiserzimmer, Gründamastenes Zimmer
Northern imperial rooms, green damask room — Pièces impériales Nord, pièce damas verte

Oben: Nördliche Kaiserzimmer, Napoleonzimmer
Above: Northern imperial rooms, room of Napoleon
En haut: Pièces impériales Nord, «pièce Napoléon»

Unten: Wanduhr von M. Maerkel, 1764, im Napoleonzimmer
Below: Clock, by M. Maerkel, in the room of Napoleon
En bas: Pendule par M. Maerkel, dans la «pièce Napoléon»

linbezügen. Neben der großen Standuhr des Würzburger Uhrmachers Langschwert von etwa 1750 findet sich hier auch eine gleichzeitige zierliche Stutzuhr, deren Spielwerk auf neun Glocken sechs verschiedene Melodien ertönen lässt – sie stammt aus der berühmten Bamberger Uhrmacherwerkstatt des Leopold Hoys.

In einer von der üblichen Raumfolge abweichenden Reihung schließen sich an das Audienzzimmer statt einem Schlafzimmer das „ROTE KABINETT" und das GRÜNDAMASTENE ZIMMER an, deren Stelle ursprünglich als Gegenstück zum Spiegelkabinett ein großes Kabinett mit silberner Dekoration auf blauem Grund einnehmen sollte. Darauf folgt dann erst das Schlafzimmer. Im „Gründamastenen Zimmer“ finden wir Stukkaturen, die zu den reifen Hauptwerken Antonio Bossis gehören. Die erneuerten, in Weiß gehaltenen Dekorationen der Decke sind stark von figürlichen Elementen durchsetzt. An dem nur wenige Jahre später gearbeiteten Kaminfeld und Pfeilerspiegel beginnen die Ornamentformen überzusprudeln und in weißgoldenen Schaum zu zerfließen. Darin verwoben sind die weißpolierten Figuren der vier Erdteile am Kamin und des Abend- und Morgenlandes am Fensterpfeiler. Durch die Fassung des Reliefgrunds in lichtem Grün stellt sich unauffällig der Konnex zur bespannten Wand ein. Ebenfalls auf den Farbklang des Raumes sind die 1745 von Johann Wolfgang van der Auvera geschnitzten Konsoltische an den Schmalseiten und von Andreas Michael Dietrich am Fensterpfeiler eingestimmt.

Schreibschrank von Abraham Roentgen im ersten Gastzimmer
Bureau in the First guest room — Secrétaire dans la première pièce d'hôte

Das PARADESCHLAFZIMMER, wegen der Übernachtungen Napoleons 1806 und, in Begleitung seiner Gemahlin Marie-Louise, 1812 auch Napoleonzimmer genannt, bildet in verschiedener Hinsicht einen Wendepunkt innerhalb der nördlichen Kaiserzimmer. Hier endet das Kaiserappartement bzw. beginnen die „Ordinari“-Gastzimmer, in denen Tiepolo während seiner Würzburger Tätigkeit 1750 bis 1753 wohnte. Durch den Siebenjährigen Krieg unterbrochen, kamen die Ausstattungsarbeiten erst nach 1763 zum Abschluss. Aus dieser dem Klassizismus zustrebenden Phase stammt unter anderem der Fayenceofen mit Blumendekor in Muffelmalerei, den Franz Paul Acker 1764 aus Straßburg geliefert hat. Martin Maerkel aus Bamberg fertigte 1764 die originelle, ursprünglich mit einem balancierenden Werk versehene Wanduhr, deren Zifferblatt von der Figur des Chronos gehalten wird. Die eigentlich für die Möblierung der Toskanazimmer vorgesehenen, erst 1809 von dem Frankfurter Schreinermeister Johann Valentin Raab hergestellten Paradebetten und Nachtkästchen im Empirestil wurden anlässlich des zweiten Besuchs Napoleons 1812 hier aufgestellt.

Kanapee von Johann Köhler, 1764, im ersten Gastzimmer
Sofa in the First guest room — Canapé dans la première pièce d'hôte

Den Eindruck stilistischer Homogenität hat man stärker im folgenden ERSTEN GASTZIMMER, das allerdings ebenfalls noch Teile der Rokokostukkaturen Antonio Bossis enthält. Bei den Supraportenbildern wie den Wandteppichen griff man 1764 nochmals zu älteren Beständen. Die beiden Teppiche, von denen jeder zwei Elemente veranschaulicht, gehören zur breiten Produktion der Brüsseler Manufaktur des Jan Frans van den Hecke um 1680.

Der Seinsheimzeit gehören dagegen an der prachtvolle, leider stark ergänzte Fayenceofen mit Herkulesszenen in Purpurmalerei von F. P. Acker, Straßburg 1766, die zierliche Sitzgarnitur von Johann Köhler 1764, bespannt mit geknüpften Bezügen aus der Heidelberger Manufaktur des Peter Jesse um 1770, und nicht zuletzt der elegante, mit kalligraphisch feinen Rocaillen und farbigen Blumen eingelegte Schreibschrank von Abraham Roentgen.

Nördliche Kaiserzimmer, erstes Gastzimmer
Northern imperial rooms, First guest room - Pièces impériales Nord, première pièce d'hôte

Im ZWEITEN GASTZIMMER haben wir eine reine Spätschöpfung des Würzburger Rokoko vor uns, bei der eine abrupte Abwendung von der wilden Rocailleornamentik eines Antonio Bossi oder J. W. van der Auvera offenkundig wird. Die Stuckierung des Raumes durch die Brüder Materno und Lodovico Bossi 1766-1776 bevorzugt Geradlinigkeit der Felderteilungen und maßvolle Kurven an Kartuschen und Spiegelrahmen. Farblich ist der Raum ganz auf Weiß und Gold hin abgestimmt, was ebenfalls an Régenceräume erinnert.

Platte des Spieltischs von B. Schlecht mit Seinsheim-Wappen im Grünlackierten Zimmer
Top of the gaming table in the green varnished room — Plateau de la table de jeu dans la pièce en vernis vert

Den Abschluss der Raumflucht in der Nordostecke bildet das 1769-1772 ausgestattete GRÜNLACKIERTE ZIMMER, das sich in den Dekorationsformen eng an das zweite Gastzimmer anlehnt, in der Farbigkeit jedoch alle Konventionen abschüttelt. Neben dem Spiegelkabinett ist es wohl das originellste aller Würzburger Raumkunstwerke. Den Raumeindruck bestimmt ein leuchtendes Grün an Wänden und Decke, das lasierend auf den versilberten Grund aufgetragen ist und in noblem Kontrast zu den vergoldeten Stukkaturen steht. Die Wiederherstellung des ursprünglichen Farbcharakters ist bei der außerordentlich schwierigen Restaurierung und Ergänzung zu Beginn der 1970er Jahre überraschend gut gelungen. Aus dem grünen Grundton wachsen in Wandfeldern, Kartuschen und Medaillons gemalte Puttengruppen und Blumenbouquetts heraus, die ein wenig an die Hinterglasmalerei des Spiegelkabinetts erinnern, jedoch weit von deren verwirrender Raffinesse entfernt sind. Es überwiegt hier die behagliche Eleganz der beginnenden Aufklärungszeit. Die beiden von Johann Peter Wagner um 1770 geschnitzten Konsoltische sowie die Sitzgarnitur des Bamberger Hofebenisten Balthasar Hermann von 1774 sind farblich in den Raum eingebunden. Der feingliedrige, in Nussbaum und Elfenbein furnierte Spieltisch von Benedikt Schlecht 1755-1757 zeigt im Zentrum der

Grünlackiertes Zimmer
Green varnished room — Pièce en vernis vert

Platte das Wappen des damals regierenden Fürstbischofs Adam Friedrich von Seinsheim. B. Hermann fertigte neben den Sitzmöbeln auch den ungewöhnlichen Intarsienboden, der leider ebenso wie die beim Residenzbrand 1898 bereits einmal erneuerte Decke zu den Kriegsverlusten gehört. Vorzüglich gearbeitete Rekonstruktionen stellen jedoch den optischen Eindruck wieder überzeugend her.

Fürstensaal
Imperial hall — Salle impériale

Beinahe gleichzeitig mit dem Grünlackierten Zimmer entstand im FÜRSTENSAAL, der das Obergeschoss des schmalen Trakts zwischen den nördlichen Binnenhöfen einnimmt, der erste rein frühklassizistische Raum der Würzburger Residenz. Er diente schon im 18. Jh. zu gesellschaftlichen Veranstaltungen und Konzerten und ist nach abgeschlossener Wiederherstellung Ende des Jahres 1978 dieser Bestimmung wieder zugeführt worden. Vor seiner Ausgestaltung 1771-1772 befand sich hier einige Jahre das Theater, welches dann in den noch unausgebauten Saal im Nordoval verlegt wurde. Die Raumwirkung des galerieartig langen, schmalen Fürstensaales wird bestimmt von der kühlen, vornehmen Stuckierung Materno Bossis. In der auf Weiß und Grautöne beschränkten Farbgebung bilden nur die beiden gelben Kamine aus Stuckmarmor und die dunklen Gemälde an den Fensterpfeilern sparsame Farbakzente. Bei den Bildern handelt es sich um lebensgroße, ganzfigurige Porträts folgender Würzburger Fürstbischöfe: Johann Gottfried von Guttenberg (1648-1698); Johann Philipp von Greiffenclau (1699-1719); Johann Philipp Franz von Schönborn (1719-1724); Christoph Franz von Hutten (1724-1729); Friedrich Carl von Schönborn (1729-1746); Anselm Franz von Ingelheim (1746-1749); Carl Philipp von Greiffenclau (1749-1754); Adam Friedrich von Seinsheim (1755-1779).

Die INGELHEIM-ZIMMER, deren Wiederherstellung im Herbst 1978 abgeschlossen worden ist, befinden sich im Nordblock, dem ersten Bauabschnitt der Residenz, und waren somit die erste bewohnbare Raumflucht. Die heutige Ausstattung erfolgte 1776-1778 unter Adam Friedrich von Seinsheim im Anschluss an den Fürstensaal, wobei der

Blaues Vorzimmer der Ingelheim-Zimmer
Blue antechamber of the Ingelheim rooms
L'antichambre bleue des pièces d'Ingelheim

Stukkateur Materno Bossi und der Bildhauer Johann Peter Wagner maßgebend waren. Einen Teil der Régence-Deckenstukkaturen von Johann Peter und Carl Anton Castelli (1724-25), die den Stiltendenzen des Louis XVI. artverwandt erschienen, behielt man bei. Ähnliches können wir vereinzelt auch bei Möbeln beobachten. So wurden einige Konsoltische, welche die geschweiften Formen des späten Rokoko zeigen, von Johann Peter Wagner durch nachträgliches Anbringen von Medaillons und Zopfgehängen dem Zeitgeschmack angepasst.

Die Anordnung der Zimmer ist streng symmetrisch. Dem MITTELSAAL sind auf beiden Seiten jeweils drei Räume zugeordnet, ein VORZIMMER, ein AUDIENZZIMMER und ein KABINETT. Untersuchungen haben ergeben, dass, im Kontrast zur dezenten Farbigkeit des Mittelsaals, die reich versilberten Stukkaturen in kräftigen Farben hinterfangen waren.

In den NÖRDLICHEN INGELHEIM-ZIMMERN sind Vor- und Audienzzimmer in den Komplementärfarben Rot und Grün, das Kabinett in Gelb gefasst, in den SÜDLICHEN RÄUMEN herrscht der Farbdreiklang Blau, Gelb und Grün. Dieser im Grunde barocken Farbigkeit folgen die Fassungen der geschnitzten Möbel. In den beiden Audienzzimmern kamen Wandteppiche mit Bauernszenen nach Teniers zur Hängung. Sie zeichnen sich aus durch ihre ungewöhnlich feinen nuancenreichen Landschaftsdarstellungen und gehören zu den besten Leistungen der Brüsseler Manufaktur Le Clerc und van der Borght gegen 1700.

Zwischen dem Grünlackierten Zimmer und den Ingelheim-Zimmern erstreckt sich im NORDTRAKT DER RESIDENZ entlang dem Rennweg eine Raumflucht, die ihr Zentrum im Saal des Nordovals hat. Die Zimmer dienten im 18. Jh. zur Beherbergung von Gästen, der Ovalsaal selbst erhielt in fürstbischöflicher Zeit keine endgültige Ausstattung. 1770 ließ der musikliebende Fürstbischof Adam Friedrich von Seinsheim das Theater aus dem 1766 eingerichteten „neuen Opera-Saal“, dem späteren Fürstensaal, in den Ovalsaal verlegen, wo sich ein reger Bühnenbetrieb entwickelt zu haben scheint. In der Toskanazeit diente der Raum zur Aufbewahrung der Hofbibliothek, und zur Zeit der Hofhaltung des Kronprinzen Ludwig von Bayern wurde er umfunktioniert zum Spielsaal der Prinzen, in dem unter anderem ein Kinderkarussell aufgestellt war.

Oben: Saal der Ingelheim-Zimmer, unten: Gelbes Audienzzimmer der Ingelheim-Zimmer
Above: Hall of the Ingelheim rooms, below: Yellow audience room of the Ingelheim rooms
En haut: Salle des pièces d'Ingelheim, en bas: Pièce jaune de l'audience des pièces d'Ingelheim

Rinaldo im Zauberbann Armidas, Gemälde von G. B. Tiepolo in der Staatsgalerie
Rinaldo under the spell of Armida, painting in the gallery
Rinaldo sous le charme d'Armida, tableau dans la galerie

Heute beherbergen die RENNWEGZIMMER eine Staatsgalerie venezianischer Malerei des 16.-18. Jhs. Wir finden hier unter anderem Werke von Palma Giovane (1544-1628), Leandro Bassano (1557-1622), Domenico Fetti (1589-1624), Joseph Heintz d. J. (um 1600- nach 1687), Antonio Belucci (1654-1726), Giovanni Battista Tiepolo (1696-1770) und seinem Sohn Domenico Tiepolo (1727-1804). Die Gemälde der beiden letzteren „Rinaldo im Zauberbann Armidas" und „Rinaldos Trennung von Armida" von der Hand des Vaters, „Christus mit Magdalena" und „Das Abendmahl" von Domenico, stammen aus deren Würzburger Jahren zwischen 1751 und 1753 und gehören zu den alten Gemäldebeständen der Würzburger Residenz. Es sind Arbeiten aus den Wintermonaten, in denen die Freskomalerei ruhte und man sich deshalb neben entwerferischen Aufgaben der Arbeit an der Staffelei widmen konnte.

Die Architektur der HOFKIRCHE ist ein Werk Balthasar Neumanns, angefangen bei der Einplanung in den Gesamtorganismus des Residenzbaues bis zum Grundriss als Wandpfeilerkirche und der Wölbung in fünf Ovalkuppeln. Für die komplizierte Raumstruktur war die Kenntnis der Werke der böhmischen Architektenfamilie Dientzenhofer Voraussetzung. Die prachtvolle Ausstattung nach Entwürfen Lucas von Hildebrandts nimmt auf Neumanns Raumgebilde wenig Rücksicht. Die scharfe Halbierung der Pfeiler durch das kräftige horizontale Gebälk der Herrschaftsempore wirkt sogar etwas störend. Bei der Ausführung haben die Würzburger

Die Altarblätter der beiden Seitenaltäre der Hofkirche, von G. B. Tiepolo, 1752, links: Himmelfahrt Mariens, rechts: Engelssturz
The two lateral altar pieces in the church of the residence, left: Assumption, right: Fall of angels
Les tableaux des deux autels latéraux dans l'église de la résidence, à gauche: l'assomption, à droite: Le renversement des anges

Hofkünstler ihr Bestes gegeben. Rudolph Byss schuf die Deckenfresken: über dem Hochaltar das „Martyrium der Frankenapostel Kilian, Kolonat und Totnan", in der Mittelkuppel die „Himmelfahrt Mariä" und über der Westempore der „Engelsturz". Von Antonio Bossi stammt die Fülle der feingliedrigen, bewegten Stukkaturen, die 1733 beginnen mit phantasievollem Bandelwerk an den Pilastern und 1740 enden mit Rokokovorformen im südlichen Oratorium. Hier offenbart sich die ungewöhnliche Entwicklungsfähigkeit dieses Künstlers. Als Bildhauer der Altarfiguren wird Johann Wolfgang van der Auvera genannt, während die Seitenaltarblätter, der „Engelsturz" und die „Himmelfahrt Mariä" 1752 von Giovanni Battista Tiepolo gemalt worden sind. 1774 erhielt die Kirche durch Materno Bossi

Die Hofkirche
The church of the residence — Eglise de la résidence

nachträglich eine Kanzel. Offenbar hatte Friedrich Carl von Schönborn die Aufstellung einer solchen ebenso wie den Einbau von Beichtstühlen untersagt, um seine Hofkirche in ihrem fürstlich repräsentativen Charakter möglichst deutlich von den Pfarrkirchen der Stadt abzusetzen.

Schäferszene, Wandteppich aus dem Gelben Audienzzimmer der Ingelheim-Zimmer, Brüssel gegen 1700
Pastoral scene, wall-hanging from the yellow audience room of the Ingelheim rooms
Scène pastorale, tapisserie de la pièce jaune d'Ingelheim

UMSCHLAG-VORDERSEITE: Kaiserpavillon
Front cover: Imperial pavilion — En couverture: Pavillon impérial

UMSCHLAG-RÜCKSEITE: Südliche Kaiserzimmer, Durchblick vom Audienzzimmer ins Venezianische Zimmer
Back cover: View from the audience room into the Venetian room.
Verso de la couverture: Vue de la salle d'audience sur la pièce vénitienne

VORSATZBLATT „Prospect der Hochfürstlichen Wirtzburgischen neuen und prächtigen Reßidentz" Kupferstich von Müller-Gutwein, um 1770
Frontispiece: "View of the new and sumptuous residence of the noble princebishop in Würzburg" engraving.
Frontispice: «Vue de la nouvelle et somptueuse résidence du grand prince de Würzburg», gravure

SEITE 1: Fürstbischof Friedrich Carl von Schönborn, Gemälde von Franz Lippold im Kaisersaal, um 1750
Page 1: Princebishop Friedrich Carl von Schönborn, painting in the imperial hall
Page 1: Prince-évêque Friedrich Carl von Schönborn, peinture dans la salle impériale

English Summary

The history of the residence in Würzburg starts with the reign of prince bishop Johann Philipp Franz von Schönborn (1719-1724). After unexpectedly winning 600 000 Florins in an embezzlement suit he immediately began the construction of the enormous new building. The first plans, which remained decisive for the basic layout, were executed by Maximilian von Welsch, court architect of the elector Lothar Franz von Schönborn in Mainz. The entire design of the project was in the hands of Balthasar Neumann. The works of the leading French architects Robert de Cotte and Germain Boffrand inspired him on a journey to Paris in 1723. During the reign of Friedrich Carl von Schönborn (1729-1746), a brother of prince bishop Johann Philipp Franz von Schönborn, the imperial court architect Lucas von Hildebrandt gained great influence, which sometimes provoked vehement rivalry between him and Neumann. The main façade in the court of honour and the imperial pavilion can be attributed to Hildebrandt. Neumann, however, dominated in the architectural decoration of the banqueting halls. The basic construction work was done from 1720-1744. The construction of the decorative grating in the court of honour was executed from 1737-1744. An essential part of the work can be attributed to the court locksmith Georg Oegg. The grating, however, was removed again in 1821 because it was in contradiction to the taste of classicism.

The first bishop's apartment, of whose Regency decorations only some ceiling stuccowork has remained, was installed in the north building as early as the 1720's. From the early 1730's onward the decoration of the second bishop's apartment in the south building and the church of the residence was executed according to the designs by Hildebrandt. Of the international artists who were working here, the Swiss-born painter and designer Rudolph Byss, the stuccoworker Antonio Bossi from Lugano and the sculptor Johann Wolfgang van der Auvera from Mecheln played a decisive role in the construction works. The southern imperial rooms, for example, where work started about 1738, bear the stamp of the artist's Viennese training, whereas the walls of the northern imperial rooms, started in 1743, reflect more markedly the typical Würzburg rococo style. With his stucco decoration of the white room, executed in 1744, Antonio Bossi produced one of the most important ornamental works of art of the 18th century. With the appointment of Giovanni Battista Tiepolo from Venice by prince bishop Carl Philipp von Greiffenclau (1749-1754) began the sumptuous decoration of the imperial hall and the staircase. The subject of the frescoes in the imperial hall is the allegorical representation of Empire, illustrated by events from the history of the Stauffen empire, events which are also related to the bishopric of Würzburg. The narrow sides depict the investment of bishop Herold of Würzburg with the duchy of Franconia by Emperor Friedrich Barbarossa on the occasion of the Imperial Diet in Würzburg, and the marriage ceremony of Friedrich Barbarossa and Beatrix of Burgundy celebrated by the bishop of Würzburg. In the ceiling fresco the subject even becomes allegorical. Apollo in the sun chariot gives the bride Beatrice of Burgundy to the "Genius Imperii" represented by the youthful Friedrich Barbarossa. In the imperial hall the architecture of Neumann, the stuccowork by Antonio Bossi and the frescoes by Tiepolo fuse into a magnificent unity which is almost unique. In 1753 the vault, measuring 30 x 18 m, over the well of the staircase was covered with an enormous fresco by Tiepolo showing baroque universality. It depicts antique gods as personifications of the planets in addition to the allegories of the continents, in which are inserted the glory of the prince bishop and the portraits of the artists of the Würzburg residence.

The death of the bishop brought construction work to a standstill. Only under the reign of Adam Friedrich von Seinsheim (1755-1779), after 1765, was the stuccowork of the well of the staircase executed, but this time by Lodovico Bossi, a nephew of Antonio Bossi, and that in the severe style of Louis XVI. At the same time the former theatre hall was decorated as a princes' hall and from 1776 onward the first bishop's apartment in the north part, the so-called Ingelheim rooms, were redecorated, but this time by Materno Bossi and Johann Peter Wagner in the pure style of Louis XVI.

After secularization, the duchy of Franconia came under Bavarian rule in 1803, which was only interrupted by the interlude of the regency of grand duke Ferdinand III of Tuscany (1806-1814). He immediately ordered the second bishop's apartment to be altered into a suite of rooms in pure empire style, as designed by Alexandre Salins de Montfort. From these rooms only the movable furnishings still exist. The fire catastrophy in 1945 destroyed all the ceilings and floors of the building except the stone vaults of the main halls and the well of the staircase. The furniture had fortunately been rescued in time so that in this respect there were no obstacles to a restoration.

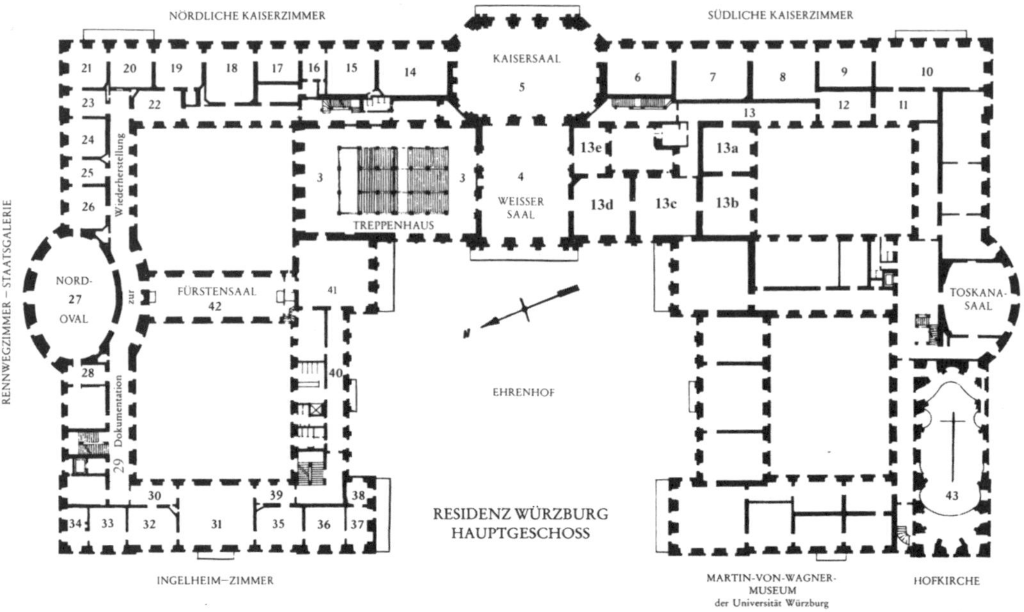

1 Vestibül (Erdgeschoss)
2 Gartensaal (Erdgeschoss)
3 Treppenhaus
4 Weißer Saal
5 Kaisersaal

Südliche Kaiserzimmer:
6 Vorzimmer
7 Audienzzimmer
8 Venezianisches Zimmer
9 Spiegelkabinett
10 Galerie
11 Dienerschaftszimmer
12 Dienerschaftszimmer
13 Gang
13a-c Wechselausstellungen
13d-e Museumsladen

Nördliche Kaiserzimmer:
14 Vorzimmer
15 Audienzzimmer
16 Rotes Kabinett
17 Gründamastenes Zimmer
18 Parade-Schlafzimmer
19 Erstes Gastzimmer
20 Zweites Gastzimmer
21 Grünlackiertes Zimmer
22 Dienerschaftszimmer

23-28 Staatsgalerie
29 Gang

Ingelheimzimmer:
30 Dienerschaftszimmer
31 Saal
32 Rotes Vorzimmer
33 Grünes Schreibzimmer
34 Gelbes Eckkabinett
35 Blaues Vorzimmer
36 Gelbes Audienzzimmer
37 Grünes Eckkabinett
38 Huttenkabinett
39 Dienerschaftszimmer

40 Charlottengang
41 Vorraum
42 Fürstensaal
43 Hofkirche

BILDNACHWEIS: Bayerische Verwaltung der Staatlichen Schlösser, Gärten und Seen, München: S. 2, 9 beide, 11, 17, 19 oben, 23, 33 beide, 36 unten, 37, 38, 42, 44 beide, 46 r, – Deutsche Luftbild KG, Hamburg: S. 3. – Thomas Dorsch, Zell am Main: Umschlagvorderseite, S. 4, 11, 12 r, 13, 14 beide, 15, 18. – Photo Gundermann, Würzburg: Vorsatzblatt, S. 1, 5, 6, 7 unten, 10, 12 l, 16 beide, 20-22, 24-32, 34-36 oben, 40, 45, 46 l, 47, 48. – A. Ohmeyer, Rothenburg: S.. 39, 41. – Helga Schmidt-Glaßner, Stuttgart: S. 19 unten. – Toni Schneiders, Lindau: S. 7 oben. – E. Zwicker, Würzburg: Umschlagrückseite.

ÜBERSETZUNGEN: Dinah Radtke, Erlangen

D-61453 Königstein im Taunus. LB 136. Printed in Germany. ISBN 978-3-7845-1922-7